もっとおしゃれになりたいあなたへ…

大人の女の「エレガンス」磨き

はじめに

私のおしゃれの根底にあるのは、'50〜'60年代のスタイル。そこに普遍的なエレガンスを感じるからです。女らしい色気があって、でも媚《こ》びていなくて、凛《りん》とした気品と清潔感もある。本物のエレガンスとは、着こなしに精神的な成熟も表れてこそ成立するものではないでしょうか。年齢を重ねないと手に入らない資格というか……、大人の女性だけに与えられる特権だと、私は思うのです。

この本では、押田流のエレガンスコーディネートをつくるための、実践的アプローチをたくさん挙げています。実際、エレガントな着こなしが板についてくると、立ち

「エレガンスなくして大人の女性は輝けない！」

押田比呂美

居振る舞いやしぐさ、たたずまいまでも、洗練されてくるのです。エレガンスには人を変える力がある。ここで紹介したテクニックやセオリーを自分のものにして、ゆくゆくは〝あなたらしい〟エレガンスに育てていってください。

押田流エレガンスに必要なワードローブは、8つ。流行に左右されないものばかりですから、自分のサイズに合った納得のいくものを探しましょう。試着は必ず！　サイズ感は、服を美しく着るうえで最も重要な条件ですよ。少数精鋭なら、服を大切に着よう、きちんとメンテナンスしようという気持ちも、より強まると思います。ただし、「服に一生ものはない」ということも忘れずに。へたってきたら、潔く新しいものに替えて、8つすべてが常に、第一線で活躍できるようにしておいてくださいね。

おしゃれのカジュアル化が加速する今、もちろん、私も着心地のいいカジュアルな服も好きですし、実際に着てもいます。でも、「若々しく見せても、若づくりに見せない」秘訣も、根底に〝エレガンス〟があるかどうか、なのです。40代、50代と年齢を重ねるにつれて、見た目の印象の差は、急激に広がります。「もっとおしゃれになりたい」「おしゃれをあきらめたくない」という人こそ、ぜひ、エレガンス磨きを！

Contents

Lesson.1
Wardrobe

「エレガンスは古びない」

「50年以上も前に撮影されたジャッキーの着こなしには、今なお新鮮さを覚えます。
自分の写真も、数年後、数十年後、見返したときにそう感じたいと思いませんか？
エレガントなスタイルなら、それは可能なのです」

「女の美しさに、現状維持はない。
進化するか、退化するかのどちらかよ」

「すべての人が、
着こなししだいで
もっと美しくなれる」

「美しい服を着ていますか？
本当に美しい服を身にまとえば
たとえ疲れていたとしても、
くたびれた女には見えません」

「私にはこれが似合う。
自分のここをアピールしたい！
その揺るぎない自信が
女のオーラのもととなる」

「エレガンスこそ大人の女性の特権です」

Lesson.1

Wardrobe

「押田エレガンス」の核をなす
中心ワードローブ8

「押田エレガンス」は、ここでご紹介する
8つのワードローブをベースに、
小物で華やかさを加えることで
理想のコーディネートが完成します。
ご覧のとおり、トレンチコートしかり、
タイトスカートしかり、流行に
左右されるものはひとつとしてありません。
これらに、誰もがもっているような
ニットや白シャツ、デニム、ジャケット、
ワンピースなどを合わせれば、
この本に載せたコーディネートと
同様のものは、ほとんどができてしまいます。
服が多ければおしゃれになれるなんて、幻想!
時々の旬の服やアクセサリーをプラスして、
着こなしの新陳代謝をはかれば、
一生、エレガントな女でい続けられるのです。

Wardrobe 1

Trench Coat

トレンチコート

「トレンチは、どんなアイテムより知的でエレガントに見える。私のファッションの原点です」

古い話ですが、テレビドラマ『七人の刑事』で芦田伸介さん扮《ふん》する刑事に始まり（私の初恋です！）、『死刑台のエレベーター』で夜のパリをさまようジャンヌ・モロー、『シェルブールの雨傘』では、汽車で去って行く恋人を見送るカトリーヌ・ドヌーヴ……挙げればキリがありませんが、映像とともに今も私を魅了するのは、彼らのコートの着こなしです。大人のコクと渋み、媚びない女らしさ、洗練されたセンスの漂うトレンチは、私のワードローブに絶対に欠かせないアイテム。

選びのコツは、「肩のフィット感、細身のシルエット、高めのウエスト位置」。これさえ守れば、全身を華奢に見せることも可能。さらに、女らしさのポイント〝艶《つや》〟も忘れてはなりません。黒でもベージュでも、マットすぎると顔色が沈みますから、上品な光沢感もマスト条件ですよ！

おしゃれのヒント 1

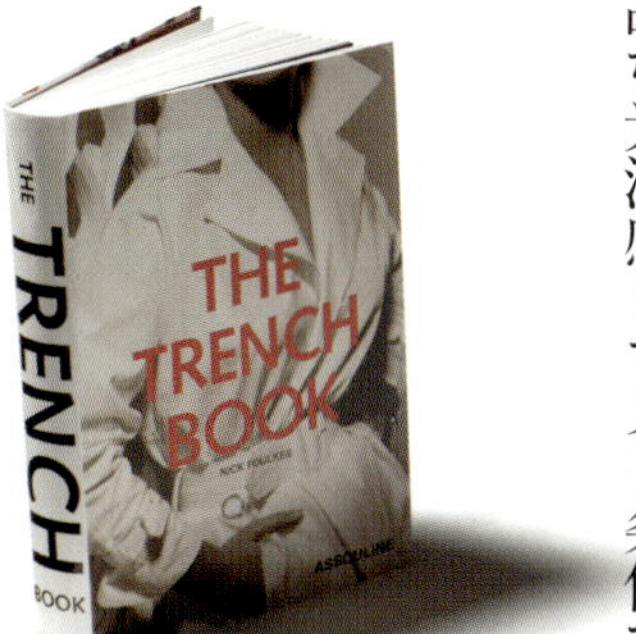

『THE TRENCH BOOK』（ASSOULINE社）

全ページ、トレンチの話と写真しか出てこない！往年の映画から現代セレブまで、着こなしのヒントが満載。トレンチの奥深さを感じます。

高めの腰位置でベルトをきゅっと締めて、ドレスのように着るトレンチスタイルは小粋そのもの。ヒールパンプスで足元をセクシーにすると、ドレスアップ感もぐっと増します。クラッチバッグのヒョウ柄も際立って、遠目にも美人オーラが！

「トレンチは
むしろドレスのように
着こなしたいわ」

「気分は
'50～'60年代の
映画の中の女優！
おしゃれには
想像力も必要よ」

トレンチは、自信にあふれた着こなしほど、その魅力が開花するアイテムと心得ましょう！　コート下は女らしさを意識することも大切です。端正な白シャツで清潔感を演出したら、品のいいパールネックレスを加えて、ドラマティックな印象に。

押田's セレクト①

ドレス
トレンチ

トレンチの基本ディテールは踏襲しつつ、光沢感のある素材、きれい色や柄の裏地、細身のシルエット、華やかなディテールなどで、コート自体にドレスのような華やぎをもつ「ドレストレンチ」。これは、私物の〝イヴ・サンローラン〟のものですが、上質な素材、丁寧な縫製、そして、デザインもシルエットも古びないので、もう数年愛用しています。コート下のコーディネートは変わっても、その懐の深さでいつも私を華やかに見せてくれる相棒！

右ページのトレンチは
こう着こなします!

Point!
着こなしに
〝はずし〟効果を
もたらすかごバッグ

Point!
洗練された
女らしさを添える
パールネックレス

いつも予定調和な
エレガンスばかりじゃ
つまらないわ!

かごバッグの遊び心が、全体に肩の力の抜けたカジュアル感を与えています。ポイントは、さらりとさりげなく持つこと。着こなし自体は十分エレガントなので、この〝はずし〟が有効になるのです。

黒トレンチ×ヒョウ柄×
ホワイトパールの
大好きな組み合わせで

コートもワンピースも靴も、オール黒ですが、それぞれ、シルクやジャージー、パテントと素材感の異なる〝艶〟を表情豊かにまとっているから軽やか。ヒョウ柄のチラ見せもアクセントになります。

押田'sセレクト②

クラシックトレンチ

ベージュの本格トレンチって、
一見、ストイックな表情なのに、
そでを通して、
女らしいスカートを合わせたり、
肩の力を抜いて着くずすと
〝隙〟ができて
途端にいい女になる(笑)
コーディネートのしがいがある
アイテムです。冬だって、
大判ストールやファーを
合わせたり、ライナーの
付け替えが可能なデザインを
選べば3シーズン活躍!
大切に着続ければ
ヴィンテージにも
なりうるんですもの。
このコスパの高さを考えれば、
少々値が張っても、質の
よいものを選びたいですね。

右ページのトレンチは
こう着こなします!

Point!
絶妙な色調の
琥珀《こはく》色スカートが
おしゃれ感をアップ

Point!
パイソンの
大ぶりバッグを
アクセントに

ジャッキーを彷彿させる、N.Y.の秋の景色に似合いそうな着こなし

黒のハイネックニットは、トレンチとの相性バッチリ！　ひざ丈のタイトスカートなら、スタイルアップして見えるし、上品さも感じさせます。小物を黒で統一すると全体が引き締まって見えますよ。

ベーシック同士の組み合わせも、小物使いでこなれた雰囲気に

トレンチ、白シャツ、デニム。だれもがもっているアイテムだけでつくるコーディネートも、小物や適度な着くずしで、センスを感じさせられます。女らしいのにかっこいい、こなれた着こなしです。

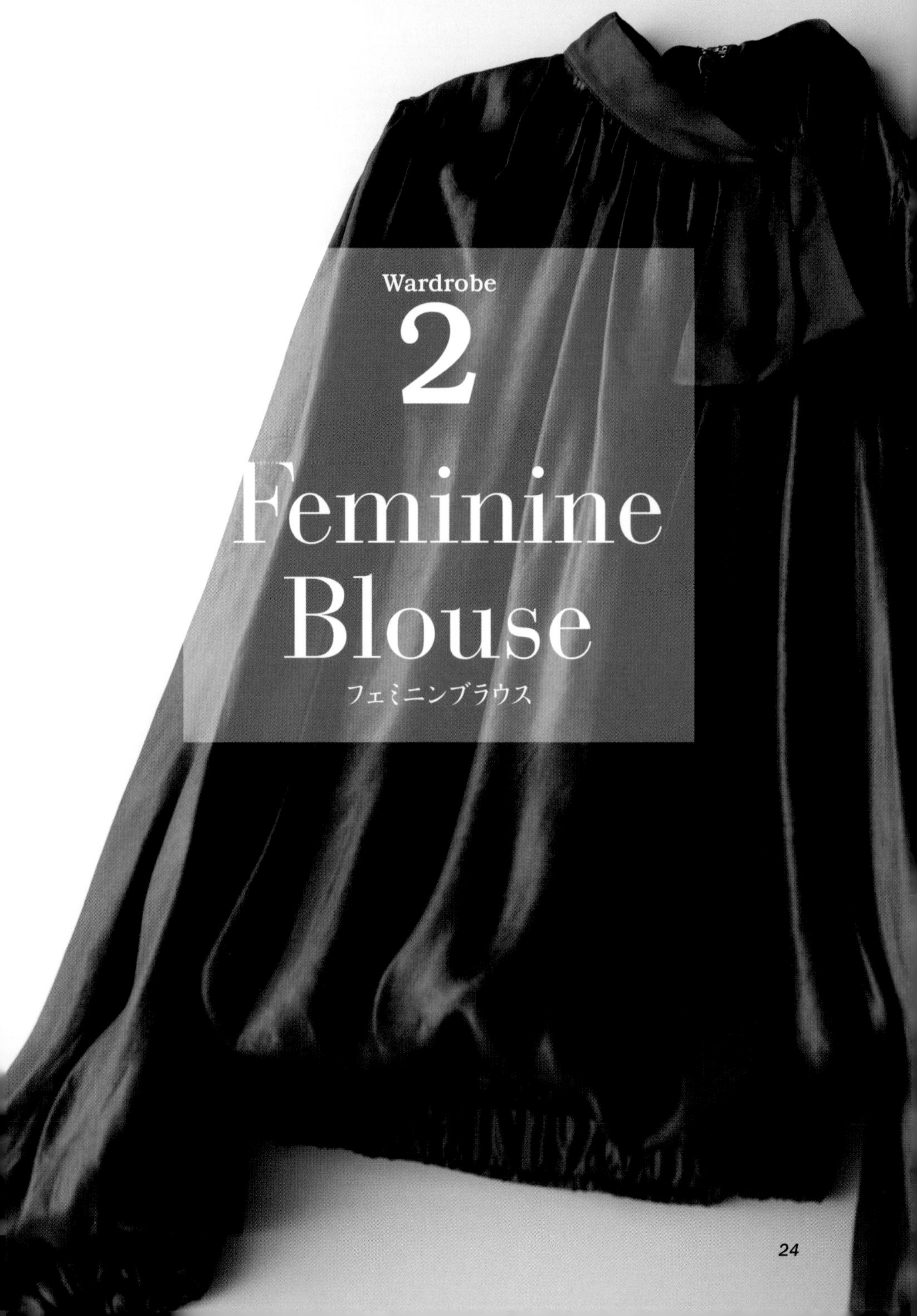

Wardrobe
2
Feminine Blouse
フェミニンブラウス

「くつろいでいても、たたずんでいても……美しくいたい。大人が選ぶべき一着、それがブラウス」

一枚で着ても、合わせで着ても、とにかく華やか！　どんなボトムでも女らしさを損なわない、フェミニンブラウスの着映え力に絶対の信頼を寄せています。「第一印象」は上半身勝負なので、初対面の人に会うときや会食などのシーンでは、ジャケットを着なくても、おしゃれで上品な表情を演出してくれるブラウスの出番が自然と多くなります。

素材はシルクシフォンやジョーゼット、ジャージーなど薄手の生地で、ボウタイやギャザーなどふんわりさせるディテールのものを選んで。やわらかな質感から生まれるゆったりしたドレープは、優雅さを盛り上げるうえに、二の腕やおなかまわりなど、気になる部分をさりげなくカバーするうれしい効果も。まずは応用力の高さで、黒と白のブラウスから始めてみましょう。

おしゃれのヒント②

Catherine Deneuve

'60年代のカトリーヌ・ドヌーヴのおしゃれをよく研究したものです。このブラウス姿も、本人の雰囲気と相まってとってもエレガント！

「第一印象を決定付けるのは
上半身の華やかさ。
一枚で着ても、ジャケットに合わせても、
とにかく絵になるの」

Vゾーンにボウがのぞくだけで、顔まわりが華やか！　テーラードって、真面目に着るかカジュアルダウンするかのどちらかになりがちだけれど、フェミニンブラウスを合わせると、また違ったジャケットの表情が楽しめます。

フリル付きブラウスに、パンツのシャープ感が加わって、甘すぎないエレガントなスタイルに。自然と背筋がすっと伸びて、気持ちも優雅になります。ダークカラーでも、シルクの光沢感で顔まわりの印象が沈みません。

「素材、ディテール、
シルエット。
エレガンスは
細部に宿る」

若いピチピチした肌よりも、シルクの艶は、大人の成熟した肌にこそしっくりなじむもの！　真珠のような艶を宿した白ブラウスには、ゴールドやパールのジュエリーがお似合い。量感たっぷりにつければ、イタリアンマダムのような迫力が。

ちょっとしたドレスアップの日に最適な、フェミニンな白ブラウスが主役の、シックなスーツスタイル。胸元のふんわりとしたリボンは、顔映えさせつつ、視線を集めるので、実はめくらまし効果もあり。体のラインを目立たせないのよ！

「ボウやフリルのような甘いデザインが着こなせるのは大人の醍醐味です」

黒ブラウスの
着回しコーディネート

Point！
繊細レースの
スカートで
よりフェミニンに

Point！
シルバーの
大ぶりバッグで
パンチを効かせて

品格があるのに、女っぽさもインパクトもある！ハレの日の装いに

ドレスやスーツでは大げさすぎる。けれど、きちんとした印象の服で出かけたい…。そんな日の装いにフェミニンブラウスが威力を発揮。繊細レースのスカートが、より女らしさを高めて。

モノトーン配色で辛口に着るボウブラウスは華やぎと落ち着きが両立

この黒ブラウスは、うっすら浮かび上がるラメ感が気に入っている愛用の一着。少し派手かしらと思っても、どのアイテムもベーシックですし、配色もシックなので、落ち着いた雰囲気。

白ブラウスの
着回しコーディネート

Point!
クロコ型押しの
レザースカートで
辛口エレガントに

Point!
ジャケットの
前開きから
ボウをのぞかせて

個性の強いアイテムも
上品に緩和してくれる
白ブラウスの威力

型押しクロコのスカートも、ターコイズのカーディガンも主張の強いアイテムですが、ブラウスが品よく中和。個性を出しつつエレガントに決まる白ブラウスは、本当にお役立ちアイテム!

白ブラウスのまばゆさは
ハイライト効果あり!
表情を明るく見せます

ジャケットから白ブラウスがのぞくだけで、全身の印象まで左右するほどの華やかさ。お疲れ顔のときほど白ブラウスが有効です!　クロップドパンツを合わせて、快活なイメージで着こなして。

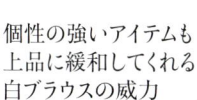

Wardrobe 3

Print Item

プリントアイテム

「自分も周囲もハッピーな気持ちにさせる、色と柄が発するオーラは、あなたを変える可能性を秘めている」

ここ数年、ファッションも〝ハッピー感〟が気分となって、時代も後押ししているプリント服。気になってはいたけれど、尻込みしてその一歩が踏み出せずにいる人、今こそチャンスですよ！自分も周囲も明るい気分にさせて、幸せオーラをふりまいてしまいましょう。

私にとってプリントとは、ずばり〝プッチ〟。色使いとパターンの美しさは、どこにいても自分を魅力的に見せてくれる頼もしい存在です。'47年創業の〝プッチ〟が今も人々を魅了し続けるのは、一見、大胆に見えて、実は根底にエレガンスがあるからなんですね。

手持ちのプリント服は、そのほとんどがシルクやレーヨンなどの薄手のジャージー。理由は、着心地が軽くて、シワになりづらく、ドレスアップにも最適……。まさにオールマイティ！

おしゃれのヒント③

『EMILIO PUCCI』
（ASSOULINE社）

服や小物同様、〝プッチ〟本も収集。ドレスアップやリゾートスタイルの参考に。特にプリント柄の装丁のものは、インテリアのアクセントにもなります！

「失敗のないプリント選びがお望みなら、
柄の1色に黒が入っているものを。
あとは手持ちの黒アイテムと合わせるだけ」

薄手のジャージー素材がつくり出す優美なドレープで、身ごろに適度なゆとりが生まれています。なのに、プリントのメリハリ効果で体は立体的に見える！さらに黒ボトムを合わせれば、簡単パーフェクトな装いが完成。

ピンクやイエローなどパステルカラーの女らしさを、少量の黒地がシャープに引き締めているプリント。黒ベースの気品のある柄が、着る人を特別な存在に。プリントジャージーって本当に大人の味方なのよ！

ブルー系のクールな色柄を、黒で引き締めたスタイル。プリントに抵抗のある人でも、柄を部分使いしたトップスならすんなり取り入れられるはず。この着映え感は一度知ったらやみつきよ！

〝プッチ〟のスカートは、特に好きなアイテム。確かに値段は安くはありませんが、最高峰のプリント服の費用対効果は絶大なものがあります。プリントを一枚だけ買うなら〝プッチ〟を推薦！

「着物が似合わない
日本女性はいない。
自分の中の華やかな魅力を
引き出してくれる
プリント服が必ずあります」

Point！
スカートのピンクを
バングルで
リフレイン

Point！
スカートと同じ
柄があしらわれた
カーディガン

シンプルになりがちな
夏の装いに効く
プリントスカート

トップス＋ボトムの、1：1の着こなしが多くなる暑い季節は、コーディネートが単調になりがち。プリントが入ると、きれい色のハッピー感も手伝って、おしゃれ感がぐんと倍増します。

〝ここぞ〟という
勝負の日に着ることの多い
〝プッチ〟スカート

会場のあらゆる角度から注目されるトークショーでは、遠目にも「押田さんだ」と認識してもらえる着こなしを意識します。こんなときに頼りになるのが、〝プッチ〟のプリントスカートです。

〝プッチ〟プリントの
スカートをはいた日は
「やせた?」と聞かれることも
しばしば。それは、プリントが
縦の輪郭を強調して、

「まず手に入れるべきは、美脚効果も高いプリントスカート!」

柄の立体効果で体のラインが
目立たなくなるからだと思います。
おすすめは、ひざ丈&
ジャージー。程よく体に沿う
くらいのサイズ感を選べば、
素材自体に落ち感があるので
ピタピタにならず、
なんといっても着心地がいい!
くるくる丸めてもシワに
なりにくく、コーディネート
要らずの華やかさがあるので、
旅先でも大活躍します!

ビビッドカラーのプリントスカートが黒の着こなしに映えて

黒×ビビッドカラーのシルクサテンのスカートは、もう十分、元は取れた! というくらい愛用。黒のVネックニットとポインテッドトウのシャープ感で、全体的にキレのいいエレガンスに仕上げました。

シックなグレートーンのノースリーブは、胸元にあしらわれたビジューがラグジュアリーな印象。合わせやすいので、着回し度の高い一枚です。

エレガントなシルエットのスカートは、いかにも私好み。鮮やかな赤は、自分だけでなくまわりの人にも元気を与えるみたい。黒トップスと相性抜群です。

〝プッチ〟の代表、ラウドミア・プッチさんからプレゼントしていただいたブラウス。マリリン・モンローが愛用したモチーフの限定復刻版です。

押田さんの30年愛が凝縮!

〝プッチ〟コレクションプチ公開!

〝プッチ〟マニア、押田さんの私物のほんの一部をご紹介します。「私はコレクターではなく、着るために買うの」。ヴィンテージも、最近のものも、実際に着ているものばかりです。

旅先で活躍することも多いシンプルなデザイン。カーディガンを合わせるときは、プリントのベース色となっているモカブラウンを選びます。

部分柄なので着こなしやすいシャツワンピース。私のコレクションの中ではやや地味めです(笑)。ラインが縦長感を強調して着やせ効果も!

〝プッチ〟にしては、抑えた色使いの大判ウールストール。ショールとして羽織れば、着映え効果抜群です。冷房対策にも重宝しています。

右／鮮やかな配色のシャツワンピース。中／旅先にも便利なシルクジャージーのチュニックは、抑えめのプリントが大人の品格を感じさせます。左／'60年代ヴィンテージのワンピースは最愛の一着です。'05年に『Precious』の取材でフィレンツェにあるプッチ宮殿を訪問したときにももっていきました。バッグ・スカーフ／ワンピースと共布のバッグなど、〝おそろい〟の小物を見つけたときは迷わず購入します。着物の小物みたいにオーダーメイドのような贅沢さが味わえます。

Fashion Q&A

押田比呂美のおしゃれ人生相談

「あなたのおしゃれのお悩み、解決します!」

Q 40代になって、おなかまわりをカバーするような服ばかり着ていますが、そこから脱却するにはどうすればいいですか?

体を覆うことを目的にした服ばかり着ていたら、自分らしい本来のおしゃれを楽しめませんよね。大事なのは全体的にメリハリをつけること。足首や鎖骨など体の細い部分、華奢に見える部分はどんどん見せること。さらに「もっと服を美しく着たい」という人は補整下着を使うのもひとつの手。実は私、かなりの愛用者です! 最近は、着用感はラクなのに効果は抜群、という優秀なものが続々と開発されていますよ。

Q 若いころから、黒ばかり。きれいな色も着てみたいと思うのですが、試着してみると落ち着かなくて……。

きれい色を着た自分が見慣れずに自信をもてない気持ちもわかります。頭で考えるよりも実践! 一度エイっと着て出かけてみましょう。同僚や友人からの「今日どうしたの?」「似合うわよ!」などの反応は、想像以上にうれしいものだって気づくはず。それでも気後れする人は、黒をベースにしたきれい色のプリント柄から始めてみては。

Q モチーフペンダントを買ったら、おそろいのピアスをすすめられました。これって、あり?

なし! モチーフは一点主義がベストです。おそろいで素敵なのはパールぐらい。

Q ウチのだんなさんと出かけるくらいでは、おしゃれする気になれません。

まず、夫にもっと関心をもちましょう(笑)。夫と話すとき、おしゃれに関する話題を意識して増やしてみて。また、歳を重ねるほど買い物に気後れする男性って少なくありません。ついて行ってあげないと! いつも〝自分だけおしゃれ〟になってちゃおしゃれすることに夢中だった若いころと違って、年齢を重ねるにつれて、体型のゆるみ、今までに似合っていた服からの裏切り、着こなしの停滞、なかなか上がらないモチベーション…と悩みは尽きません。スタイリスト歴約30年の押田さんによる、読めば納得の解決法と励ましのエール！

ダメですよ！　夫のおしゃれ化計画が成功したら、〝素敵なカップル〟を目指す気持ちも自然とわいてくるかもしれませんよ。

Q
店員にすすめられて買ったワンピースを帰って着てみたら、夫から笑われました！

お店の人は99％、「お似合いです」と言うもの。自分自身で見極めましょう。

Q
あまり冴えない服でいるときに限って、急なお呼ばれで慌てることが。こういうとき押田さんはどうしますか？

私に置き換えると、白や淡い色味のシルクブラウスやカシミアニットを着ている日の急なお呼ばれは困ってしまいます。というのは、食事会にあわてずに行ける服装ではあるのですが、繊細な素材の淡色トップスだと……食事に集中できない！　だって、→

トマトソースやオリーブオイルが飛び跳ねちゃったらどうしよう……とそればかり考えてしまうもの！そんなときは「ファストファッション」のお店に駆け込むことにしています。安くて旬のデザインの服や着映えアクセサリーを吟味して、プチプラミックスで乗り切ります。

Q
若いころ、一生ものと思って買った服はことごとく今の気分ではありません。

「服に一生ものはない」。これ、私の持論です。その〝一生もの〟を着た自分を鏡で見て、違うと思ったら無理して着るのはやめましょう。ファッションは今の気分＝ノリが最も大切。それらが時間の経過とともに変わっていくのはあたりまえです。ただし、どこかに自分の気持ちを高揚させるディテール（私の場合は、ヒョウ柄の裏地など！）があると、愛情もより深まります。

**Q　おしゃれのモチベーションは
どのように保てばいいですか？**

一日を終えて、「これでよかった」と思える
おしゃれを基準にする。今日一日、
自分らしく、気持ちよく過ごせたか。
もうこれは、積み重ねあるのみです。

**Q　最近、おしゃれの刺激を
受けた人っていますか？**

ケーブルテレビで放送していて、
すっかりファンになったイギリスの
刑事ドラマ『バーナビー警部』。
先日の話で、警部が聞き込みのために、
ある郊外の家を朝8時に訪ねるの。
そこで見たシーンに驚愕《きょうがく》！
朝食中のその人は、おばあさまなのだけれど、
きちんとした格好に、さらに
パールネックレスも着用。恐れ入りました！
私も、何歳になってもおしゃれでい続けたい
という気持ちがより強まって。
そしてエレガンスとは、他人の目に触れる↗
ときだけおしゃれをすることではなく、
自分自身が心地よく感じられるものを
身につける姿勢なんだ、ということを
あらためて思ったのでした。

**Q　ずばり、大人の女性が
おしゃれでいるために
心がけるべきことを教えてください。**

「黒しか似合わないから」
「スカートははかない」……などの
思い込み・固執はやめましょう。
自分のここが好き！
というところは維持し続けること。
そのために、毎日体重を量りましょう。
全身鏡で現実を見つめましょう。
愛すべき自分のためのおしゃれです。

**Q　若い人のように、こなれた感じに
レイヤードができません。**

若い人の真似はしなくてよろしい！
大人には大人のレイヤードを。

Q

私はすごくやせていて、胸もぺっしゃんこ。先日、友人に鎖骨が目立って貧弱に見えると言われました。

「貧弱に見える」というのはそのご友人の印象。私から見たら、大人ならではの色香を感じるかもしれません。どちらにせよ、デコルテは大人の女性の魅力的な部分。やせていらっしゃるなら、プチネックレス一点だけだともの足りませんね。パールの重ねづけなどでボリューム感を出しましょう。

Q

ちょっとしたパーティやオペラ鑑賞など、何を着ればいいのか迷います。その場から浮かずに、華やかにしたいのですが……。

自分のワードローブの中でいちばん華やかなものを探して、それを主役にコーディネートを組み立ててみては？　もしくは、服はシンプルに、アクセサリーの量感で↘華やかさを演出します。質問してくださった方はきっと、ひとりだけ派手すぎて悪目立ちしたらどうしよう……という不安があるのでは？そういう場合は、バッグの中にアクセサリーを多めに入れておいて、現地で増減するというのも方法です。スパンコールや柄、きれい色のストールもおすすめ。イベントのおしゃれは楽しまなきゃ！

Q

40代中ごろから、カジュアルが似合わなくなってきたような……。

大人には大人のためのカジュアルがあります。素材の上質感とシルエットの美しさ。そして、ジュエリー使い。海外マダムはカジュアルが本当に上手いからスナップで研究してみては？絶対やっちゃいけないのは、娘と同じようなカジュアルで若づくりしている人。あれは本当にみっともない！

Wardrobe

4

Tight Skirt

タイトスカート

「タイトスカートの魅力は、なんといっても知性漂う色っぽさ。本当に着こなせるようになるには成熟が必要」

タイトスカートは、はくだけなら年齢は問わないけれど、それによって醸し出される雰囲気や印象には大きな差が出ます。10代、20代では元気はつらつ、そこに香り立つようなグラマラスは生まれません。成熟とともに、タイトスカートのもつ知的な色気がしっくりなじんでくる……大人だけに許されるエレガンスが漂ってくるんです。

女性の丸みを帯びた体をしなやかに包むように、腰まわりはゆったりとしたカーブを描き、すそにかけてゆるやかに細くなっていくのが理想。ボディラインが最も美しく映える、スリムで完璧なシルエットが完成します。着やすさで言えば、素材に落ち感やとろみのある、やや肉厚な素材がおすすめ。歩くと揺れるぐらいの軽やかさがあると、ぐっと女度が高まります。

おしゃれのヒント 4

『The Birds』

映画『鳥』（1963年）は、ヒッチコック映画の多くを手がけた衣装デザイナー、イディス・ヘッドによるファッションも見どころ。'60年代エレガンスが満載。

©Photofest/アフロ

着こなしが曖昧になりがちなベージュも、タイトスカートのシャープ感できりりと女っぷりが上がります。トップスとスカートの素材に変化をつけたうえで、上品さを損なわない同色の小物をたっぷりと組み合わせてリッチ感を。

「脚に緊張感を与えなきゃダメ!」

足さばきのいい白タイトに、黒のニットを合わせ、軽やかにコントラストをつけて。こういう潔い着こなしをしていると、動きまできびきびとしてくるから不思議。颯爽《さっそう》としたタイト姿は、男女を問わず好感度の高い着こなしですね。

「無難なボトムばかりを
選んでいると、
着こなしまで
無難になってしまいますよ」

「タイトスカートで
闊歩《かっぽ》する女性の姿は
どこから見ても
かっこいい」

ジャケットとニットのシンプルな組み合わせに、あえてパイソンのタイトスカートで迫力をプラス。自分でタブーをつくりがちなボトムに挑戦的な一枚を加えるだけで、着こなしがびっくりするほど見違えることもあるのです！

実はこの服、ドレープトップスとタイトスカートを組み合わせたような、コンビワンピース。地味に陥りがちなグレーのワントーンコーディネートを活性化させるのは、異素材使いとタイトシルエット。気品のあるグレーパールで輝きも添えて。

「この妖艶《ようえん》さは
若い人では無理でしょう」

たとえば、白シャツと
黒のタイトスカートの
シンプルなスタイル。
若いころは〝無難〟だった
けれど、今なら、

「黒のタイトスカートを
極めれば
〝押田エレガンス〟は
手に入れたも同然よ！」

リッチに女らしく着こなせる。
大人の女性が着てこそ、
素敵に見える服や着こなし。
その代表的なアイテムが
黒のタイトスカートです。
ひざがぎりぎり隠れる
ぐらいの丈が
ちょうどいいバランス。
優秀なシルエットは、
体型をカバーするほどの
実力を秘めています。
タイトを制して、
女らしさを極めましょう！

流れるようなシルエットで
黒ベーシックの
美人力を上げる！

ヒップからひざ上にかけてはフィット、すそがわずかに広がるマーメイドラインのタイトスカートもおすすめ。着ると下半身をすっきり見せ、ボディラインを女らしく引き立ててくれます。

Point!
黒を引き立てる
ヒョウ柄の
上品カーディガン

Point!
ぐんと洗練度を増す
〝エルメス〟の
スカーフ

オールブラックの装いも 迫力一辺倒にならない 着こなしを目指したい

黒タイトをオールブラックで着るのは、かっこいい反面、強すぎる印象になる心配も。そんなときは、きれい色スカーフがひと役買います。鮮やかな色柄で、エレガントな印象に様変わり！

黒とヒョウ柄とパールを 合わせる、クラシカルな 上品スタイルは定番です

美シルエットの黒タイトでも、それだけでは華不足なので、インパクトトップスを合わせることが多いのです。ヒョウ柄の印象は強いけれど、パールネックレスと合わせるとクラシカルで上品な雰囲気。

Wardrobe

5

Positive Black

攻めの黒

「シンプルなだけの黒は大人を助けてくれません。救世主となるのは、ずばり〝艶〟」

「今まで頼りにしていた黒がなんだかしっくりこない……」こういう悩みをよく聞きますが、ずっと変わらない着こなしを続けてはいませんか!? 黒が万能色だからといって、髪も肌もツヤツヤしていたころと同じ、いつまでも変化のない着こなしばかりをしていたら、やがてしっくりこなくなるのも当然です。「黒に頼るな、甘えるな！」このことをまず肝に銘じましょう。

大人の黒に最も必要なのは〝艶〟です。光沢感のある艶素材、女らしい艶やかさ。ただ全身をシンプルな黒でまとめただけだとぱっとしませんが、こういった〝艶〟を投入することで、着こなしはたちまち輝き出します。選びや小物に個性を託して、自分らしい黒を見つけましょう。〝艶〟は「脱・地味、脱・無難、脱・マンネリ」の特効薬だと心得よ！

おしゃれのヒント 5

『THE LITTLE BLACK DRESS』（ASSOULINE社）

〝シャネル〟のリトルブラックドレスを着た、カトリーヌ・ドヌーヴのカバー写真にひと目惚れ。黒は女性を美しくすると確信する一冊です。

本当に似合うリトルブラックドレスを着ると、本人のキャラクターが際立って、内面の美しさまで映し出されるものよ。自分を見極める、すなわち、リトルブラックドレスを見極める。自分らしさと体型に合った一着をぜひクローゼットに。

「選びと着こなししだいで、
こんなに華やかに
盛り上がる色は
黒以外にありません」

クールで力強く、その一方で、しなやかで奥ゆかしさを秘めた女らしさもある。ひとりの自立した女性像に重なるような着こなしは、やはり黒がなせるワザ。黒の最上のパートナー、白のブラウスと合わせると、凛とした清潔感も漂って。

柄や艶を投入すれば
定番ブラックも
〝攻め〟に転じる！

Point!
ブロンズカラーの
パイソンクラッチで
きらめきをプラス

Point!
フェザー柄が
ドラマティックな
盛り上げ役

フェミニンなニットに
マニッシュなパンツで
甘辛バランスを整えて

女性らしい優しげな表情のフリル付きツインニット。そこに、ピンストライプのセミワイドパンツで辛口感を投入。仕上げの艶小物は、ブロンズカラーのバッグとパンプス。洗練度も急上昇！

定番の黒トップスは
ボトムの選びしだいで
どんな表情にも様変わり

だれもがもっている黒のトップス。シンプルと地味は紙一重ですから、柄のタイトスカートで盛り上げましょう。柄といってもモノトーン配色なので、あくまでしっとり大人顔です。

Point!
グレートーンの
ヒョウ柄ブラウスで
シックな女らしさを

Point!
シルクサテンの
気品のある艶で
ドレスアップ

堅さのあるアイテムには、やわらかいムードのものを合わせてバランス調整

レザージャケットの下は、シルクのヒョウ柄ブラウスでたおやかな色香を添えて。細身パンツなら全身のまとまりもグッド。バッグも着こなしの迫力に負けないように、ひとクセデザインを。

キレのいい黒のタンクワンピースの私らしい着こなし方

凛とした雰囲気のタンクワンピースは、合わせるアイテムの繊細さと迫力の両立がカギ。サテンのバッグやパールのネックレスとともに、甘い迫力を漂わせたレザージャケットを選ぶのが押田流よ。

繊細レースのストール

ため息が出るほど美しいレースと言えば〝ヴァレンティノ〟。イタリアンレースの透け感を生かしたストールは、どんな装いもエレガントに仕上げます。

クロコダイルのクラッチバッグ

クロコの、ジュエリーのような存在感にときめいて購入した〝アルマーニ〟のクラッチバッグ。留め金の部分にオニキスを使うこだわりも素晴らしい！

モノ自体にオーラみなぎる！

厳選・艶黒のエレガンスアイテム

黒の達人、押田さんの審美眼にかなった黒アイテムを、私物を中心にご紹介します。黒の着こなしの活性化に役立つものばかりなので、選びの参考にしてください。

ミンクファー付きグローブ

ボリュームたっぷりのミンクにハートを射貫かれました。グローブは機能重視で選びがちだけれど、立派なおしゃれアイテム。冬の手元がぐっと華やぎます。

ヴィンテージのコスチュームジュエリー

表参道のショップ「ストラスブルゴ」で見つけたヴィンテージアクセサリー。宝石ではないけれど、凝ったデザインなのでおしゃれ心を刺激してくれます。

黒の着こなしに欠かせない〝艶〟が、
備わっているアイテムは、もって損なし！
お気に入りを見つけて、少しずつ集めていきましょう。

ラインストーン付き ジャージーワンピース

プリントで有名な〝プッチ〟、実は、黒のジャージー服も逸品ぞろい。これは肩にラインストーンがあしらわれた、落ち感がいいジャージー素材のラップワンピース。

型押しクロコの ヒールパンプス

プレシャスレザーの型押しは、ときどき安っぽさが気になるものだけれど、〝ミュウミュウ〟は完璧！形も美しく、歩きやすい、申し分のない一足です。

TPO別私的コーディネート披露!

「時と場所を考えた着こなし。堅苦しく考えず楽しみましょう!」

終日、事務所にて打ち合わせ

編集者との打ち合わせが何本も入ったこの日は、ベロア×ジャージートップスに細身クロップドパンツを合わせた、リラックス感のあるスタイル。驚くほど軽くて肩が凝らないシルク製のネックレスで華やかさも忘れないわ!

早朝4時起きでロケへ出発!

迅速な作業が求められる撮影現場では、黒のシンプルニットが基本。ただしこれだけでは気分が上がらない! この日はアニマル柄のポンチョやムートンバッグをチョイス。これなら撮影後に予定がある日も万全。

友人のバースデーパーティへ

会場のレストランの格に合わせて、黒のドレスの上にファーを。コートを脱いでも華やかさをキープするために、スカーフも加えました。パーティ前に、プレゼントを探しに、インテリアショップへ。

連日、多忙な日々でもTPOをはずさない着こなしには、役立つアイディアが満載！
押田さんのワードローブのメインカラーである黒の着こなしバリエーションにも
注目。黒がベースでも、同じ印象で現れることがない秘訣は、シーンに合わせ
たコーディネートを組み立てるそのセンスにありました。

撮影に備えて〝貸し出し〟に

ロケバスで何軒もプレスルームを回る日は、すばやく乗り降りでき、車中ではリラックスできるニットワンピース＋太ヒールブーツの組み合わせが気に入っています。アストラカンコートは「押田さんらしい！」とプレスルームでも好評です。

休日に愛犬の散歩を1時間

愛犬カイと公園へ。〝モンクレール〟のダウンで寒さ対策もばっちり。娘が選んだブルーのリードと色をそろえて、この日はターコイズのピアスを。日々、何げないおしゃれを楽しんでいます。

娘とクラシックバレエ鑑賞へ

仕事で面識のあるプリンシパルに招待されて。しなやかなウールクレープのブラックドレスを選択。エレガントなうえ、シワになりにくいという利点もあって、長時間座ることになる観劇では特に重宝しています。

Private Style

プチプラMIXスタイルで、毎日のおしゃれをひと工夫

「プチプラとあなどるなかれ！ MIXすればこんなに楽しい」

ここがプチプラ！
重ねづけした
バングル

レイヤード要らずの デザインが優秀な ネックレスが便利！

これ、一本のネックレスです。重ねづけの間隔のとり方や色使いが、センスいいなと思って購入しました。確か1,000円しなかったはず！　そのぶん、バッグや靴はゴールドにして、黒のワンピースに大人の貫禄を漂わせます。

オール白の着こなしは、 シックな小物使いが 腕の見せどころ

海外系のファストファッションのお店や、駅ビルのショップなどで見かける、数本がセットになった細バングルは、素材やレリーフに凝ったものもあって、とってもおしゃれ！　手もちの時計やブレスレットと合わせて楽しんでいます。

プチプラ（プチ・プライス）小物を、探すのもコーディネートするのも大の得意。値段以上の価値を見極められるか。そのギャップが大きいほど楽しい！　いつもの装いにさりげなくミックスして、相手が（欲しそうな目で）「それ、どこのですか?」、（値段を伝えて）「全然、見えない！」となれば、大成功です。

シンプルかごバッグを手もちチャームで華やかにカスタマイズ

近所のショップで見つけたかごバッグ。このままだと、こざっぱりした印象なので〝ドルチェ&ガッバーナ〟のチャームでおめかし。アクセサリー少なめでも華やかさがキープできます。ちなみにパールネックレスも数百円（笑）。

歩くための靴は消耗品。プチプラになるセール時期にアンテナを張って賢く入手

歩きやすい靴はいくつも欲しいので、なるべくプチプラで探したい！　この靴は、広尾の商店街にある友人のショップでセール時期に遭遇。シルバーの靴は、着こなしの活用度が高いので即決しました。セールも賢く利用！

Wardrobe

6

Drape Item

ドレープアイテム

「着映えと着やせを同時にかなえるドレープこそ、大人の女性の最強の味方」

ドレープとは、ゆったりとした〝ひだ〟のこと。布地をたっぷりと贅沢に使い、テクニックとデザインが見事に融合すると、それはそれは美しいドレープができあがります。忙しい日々を過ごす大人の女性に必要なものこそ、ドレープ。長年、エレガンスを追求してきた私の結論です。

さらにスゴいのは、完璧な着映えとともに、着やせもかなえるところ。体のラインをいかにもカバーしているようには見せないのに、印象はドラマティック。もう、いいとこだらけ！　素材に関して言えば、優雅さと快適さを両立させるのは、やはり、とろみのあるジャージー。中でも、ドレープの魅力を余すことなく発揮するのは〝艶〟を感じさせる素材です。光を受けて、ドレープの合間に陰影が生まれた服を身につけていると、「女に生まれてよかった！」と思えます。

おしゃれのヒント⑥

『GRÈS』
(ASSOULINE社)

20世紀の偉大なクチュリエールのひとり、マダム・グレ。ドレープを駆使したドレスの数々は、まさに神の域！　うっとり眺めていられる洋書です。

上質なジャージーのとろみを生かした、ドレープワンピース。ほのかに艶を感じさせるモカベージュの生地に生まれるたおやかな陰影。形はとてもシンプルなのに、上品さがそこかしこに感じられるのは、まさにドレープのなせるワザです。

「スタイルが悪いと
おしゃれに見えない、
なんて、思い込みです！
必要なのは特別な
デザインではなく、
ボディラインを曖昧にする
ドレープなのです」

波打つように優美なドレープが、ボディラインを程よくカバーするプルオーバー。深すぎないUネックが、首やデコルテをすっきりと見せています。こちらも、素材の艶感によって、ゴールドニュアンスが感じられるベージュが華やかですね。

押田'sセレクト①

ドレープトップス

忙しいからこそ、おしゃれを
することにストレスを感じたくない。
手抜きに見せず、快適で、
そして素敵に見えるドレープ服は、
大人の女性の最強の味方です。
トップス選びのカギは、
体型の気になる部分に、
ドレープがうまく
デザインされているか
どうか。たとえば、
おなかまわりなら、
ウエストあたりに
ドレープがあるものを。
二の腕が気になるなら、
そでにゆとりと、
しなやかなドレープが
あるものを選ぶと、
うまくカバーされます。

主役のドレープトップス
全体ドレープ&
デコルテ見せで
小顔効果を発揮

胸元の開きも重要なポイント。ドレープトップスは、どうしても上半身にボリューム感が出るので、胸元に開きがあるものを選び、顔まわりとデコルテをすっきり見せます。ボトムをコンパクトにまとめ、さらに全身バランスを整えましょう。ポイントは、トップスのシャイニー感を小物にもリンクさせること。モノトーンの着こなしも重たく見えませんよ。

Point!
ロングネックレスで
首筋&胸元の
美しさを強調して

Point!
ヌーディな
デザインサンダルで
足元に抜け感を

ドレープデザイン&メタリックグレーが脱・地味の決め手!

光沢感の強いシックグレーが、モードな雰囲気。華奢な鎖骨を強調するボートネック風の襟元もうれしいポイントです。コクーンシルエットのコンパクトスカートを合わせて、フェミニンに。

ドレープの華やかさに負けないリッチ系小物で上質カジュアルに

ドレープたっぷりのデザインで、おなかまわりも、二の腕もうまくカバーするデザインが優秀ね。そのぶん、配色とボトムで軽やかさを出して。小物はたっぷり盛りつけて、リッチな印象を演出。

押田's セレクト②

ドレープワンピース

私の中で、ドレープワンピースの
名品と言えば、〝ダイアン フォン
ファステンバーグ〟の
シルクジャージーのラップワンピース。
66ページのものは私物なのですが、
程よい重量感のあるとろみが
醸し出す、流れるような
ドレープの美しさは格別！
私のドレープ遍歴は
ここから始まりました。
コーディネート要らずという
ワンピースの利点と、
一枚で華やかに見えるドレープの
〝イイとこ取り〟した
「ドレープワンピース」はやめられない！
特に、服を選ぶ時間もないくらい
忙しい朝は、真っ先に
手に取りたくなるほど、便利です。

主役の
ドレープワンピース
上質ジャージー
ならではの落ち感で
ほっそり見える

黒のジャージードレスは、一枚はもっていたいアイテム。黒の引き締め効果に加え、ドレープの着やせ効果がドッキングしたドレープワンピースなら、もう無敵！コーディネートは小物しだいでいくらでも雰囲気が変えられます。夏なら、麦わら帽子やメタリックのトングを合わせると涼やか。何を合わせても、大人に必要なエレガンスを失わないのが、ドレープワンピースの魅力です。

Point!
女度を高める
ニュアンスカラーの
薄手カシミアストール

Point!
全身黒に、抜群の
差し色効果をもたらす
パープルバッグ

美しいドレープテクニックが自然な着やせを実現するきれい色ワンピース

肌映りのいいモーブピンクのワンピースは、ウエストに集中するドレープが、いい仕事してます！　色味の合うグレイッシュなピンクのカシミアストールで、より優しげな女らしさを高めて。

きれい色バッグをひとつ持つだけでもお呼ばれコーディネートに

シルクジャージーは、季節を問わない素材感も魅力。長そでタイプの黒も活躍度の高いアイテムです。バッグのパープルが効果的な差し色になって、会食やパーティにうってつけの着こなし。

Wardrobe

7

Cropped Pants

クロップドパンツ

「だれしもが足首は、脚の中でいちばん細い部分。出さなきゃ損！」

脚にコンプレックスがあるあまり、つい隠すことに逃げがちなのがパンツ選びの落とし穴。足首、くるぶしを潔く見せることで、すらりとした印象とスタイルアップが簡単に手に入ると聞けば、その考えもあらたまるのでは？　クロップドパンツの丈もさまざまです。八分丈～九分丈のサブリナパンツ、五分丈～七分丈のカプリパンツなど、数センチ刻みの変化で、印象もがらりと変わります。これにシルエットの影響も加わるのですから、自分に似合うパンツに出合うことはとても重要！　これはもう試着を重ねるしかありません。とことん探しましょう！

私の場合は、ようやくたどりついたうちの一本は〝ドルチェ&ガッバーナ〟のものでした。自分にとって完璧なものを知ると、パンツが着こなし全体をいかに輝かせるかを実感できますよ。

おしゃれのヒント 7

Jacqueline Kennedy Onassis

彼女自身がエレガンスそのものだった、ジャッキーこと、ジャクリーン・ケネディ・オナシス。クロップドパンツの着こなしは、そのまま現代にも通じるセンスのよさ。

下半身がぐっと引き締まった印象に

黒クロップドパンツ

オンオフ問わずの活躍度で考えたら、色は断然、黒。引き締めの効果は言うまでもありません。これは黒パンツだけに当てはまることではありませんが、センタープレスやセンターシームがあると、きちんと感と脚長効果が期待できます。すそから素肌がのぞく〝抜け感〟がクロップド丈の魅力ですが、寒い季節にも対応する素材のものなら、ブーツインではいたり、カラータイツと合わせたりすると、また違った着こなしが楽しめます。

Point 1
印象華やぐ
レース×ニットの
カーディガン

Point 2
視線を引きつける
淡色トーンの
リザードバッグ

Point 3
リッチなこなれ感を
もたらすパテントの
フラットシューズ

この七分丈パンツ（74ページと同じものです）は、通販企画でプロデュースしたもので、私の理想を凝縮。タフタのような〝うね〟のある艶素材を使い、折り目が薄れる心配のないセンターシームを施し、立体裁断にもこだわりました。秋口から活躍する薄手のニットカーディガンにもぴったり。エナメルのローファーも、クロップド丈と好相性です。

「攻めの姿勢こそ最大の防御。
自信のあるところを
どんどん見せるべし！」

程よい補整力のあるストレッチ素材の細身クロップドパンツも、シルエットを引き締め、ほっそり脚に見せるので、あらゆる着こなしに重宝します。全身黒でまとめた着こなしが、こんなに軽やかに見えるのも、クロップド丈の威力だわ！

着こなしが一気にあか抜ける！

白クロップドパンツ

春と夏のおしゃれに、
もはや欠かせない白の
クロップドパンツ。白＝
膨張色というイメージが
強いかもしれませんが、
服はコーディネートしだいで
印象が決まるもの。
人の目線は上半身に
集まりやすいので、
トップスに黒やネイビー、
濃色のきれい色など
引き締めカラーをもってきて、
あとは視覚効果で
すっきり見てもらえれば、
こちらの勝ち！
抜け感のあるクロップド丈なら
より軽やかに、着こなしが
またたく間にあか抜けます。

Point 2
華やかなボリュームを
生むジャージー素材の
しなやかスカーフ

Point 1
優美なドレープで
上半身を包む
美人トップス

Point 3
着こなしに
ひねりを加える
スタッズ付きバッグ

白のクロップドパンツ自体、カジュアル感の強いアイテムなので、上質なきれいめ素材を選んでエレガントな雰囲気をキープして。このパンツも、目の詰まったストレッチ入りの生地で、淡いグレー味を帯びたニュアンスのある白が上品。黒×白のコントラスト配色と、盛り上げ小物の組み合わせで、すっきり見える着映えが実現しています。

「スタイルよく見せるパンツは必ずあります。ただただ、試着あるのみ！」

リゾートマダムの世界標準アイテムとも言うべき、〝プッチ〟のカフタンシャツと白クロップドパンツは、まさに最高のコンビネーション。洗練されたバカンススタイル、ここに極まれりって感じね！

Wardrobe 8

Fur Item
ファーアイテム

「上質なファーを日常使いできる余裕こそが大人のラグジュアリー」

ファーのおしゃれは、ふだんの装いに部分的に使いこなすセンスを磨きたいもの。少量使いのファーでも、着こなしに濃密なエレガンスオーラを与えますから、巻き物や小物でうまく取り入れましょう。また、服ならベストやポンチョなどカジュアル感のあるアイテムだと、ファーの豪華さが中和されて若々しい雰囲気で着られます。〝老ける〟ファーはNG！

その昔、一生ものと思って買ったフルファーのコートをもっている人も少なくないのではないでしょうか。バブル世代は特に（笑）。なかなか着る機会もなく、タンスの肥やしになってしまっているのなら、思いきってお直しするのもひとつの方法です。私は以前、着なくなったミンクの大判ケープを、今風のスヌードにリメイク。大成功しましたよ！

おしゃれのヒント 8

Sophia Loren

〝フェンディ〟の最高級ファーが似合う女優、ソフィア・ローレン。フルファーのコートも、愛らしく着こなしてしまうおしゃれの力量に脱帽！

©Rex Features/アフロ

「ファーは豪華さよりも
おしゃれ感」

ニットベストの前身ごろにチンチラファーをあしらったデザインなら、ファーを若々しくカジュアルに着られます。寒い日の外出さえ待ち遠しくなるような、魅力的なファーアイテムには、心を浮き立たせるパワーがあります。

「心がささくれそうに
忙しいときほど
ファーを身につけます。
手触りに癒されて、
自然とがんばれる
自分がいる」

ファーは、手触りも重要な要素。凍えそうに寒いとき、余裕のひとかけらもないほど忙しいときに、ファーの温もりにほっとするものを感じられるから。この写真のショールは、ノーブルなグレーのミンク。色調を合わせたバロックパールのネックレスで気品あふれる装いに。

着こなしをエレガントに盛り上げる
〝ファー効果〟を検証！

主役のファー
マーモットの
襟付きコート

主役のファー
ミンクの
スヌード

数種類の素材を重ねると、
冬の黒コーディネートが
生き生きとした表情に！

取り外しのできるファーの襟が付いた、ジャケット感覚で着られるニットアウターを主役に。ファー、ニット、パンツの艶感と素材を、レイヤードして楽しむのも、冬のおしゃれの醍醐味です。

レストランの落ち着いた
照明の下で映える
淡色グラデーション

ミンクやウールの、白からベージュへの明るいグラデーションの着こなしは、冬ならではの、温かみのあるラグジュアリー感が魅力。すっぽりかぶるスヌードがリッチカジュアルな表情ですね。

主役のファー
フォックスの
ストール

主役のファー
ミンクの
ケープ

こなれたセンスが光る
ファートッピングの
デニムカジュアルが完成

顔が埋もれるほどのフォックスのストール。顔まわりのボリュームファーは、下半身をほっそり見せます。さらにパイソンバッグも投入！　ファー&プレシャスレザーのダブル使いが大人の貫禄。

ファーの巻き物×
黒のワンピースも
極上エレガンスな組み合わせ

ファーケープだけでも十分エレガントなので、黒のワンピースまで大人っぽくシックにしてしまうと、〝老け〟につながることもあるので要注意。リボン付きデザインの甘さが若々しさを。

Omotesando Addresses

服からカフェまでお気に入りアドレス22

「大好きな表参道の行きつけショップ教えます」

必ず立ち寄るセレクトショップは

アメリカンラグ シー 青山店

「カジュアル中心ですが、その中で光るエレガントな選びはなかなか。刺激を受けます」

東京都港区南青山5-8-3
☎03・5766・8739

ストラスブルゴ南青山店

「私のおすすめは、1点モノのヴィンテージのアクセサリー。常に注目しているお店です」

東京都港区南青山3-18-1
☎03・5772・6515

ヴィンテージの掘り出しモノあり！

25 JANVIER PARIS《ヴァンサンクジャンヴィエパリ》

「オーナーの趣味のよさが感じられて…。〝シャネル〟や〝グッチ〟も充実しています」

東京都港区南青山5-11-25
☎03・3407・0217

パスザバトン 表参道店

「世界中から集められたアイテムやリサイクル品のなかには、かわいいボタンやリボンもあって…！」

東京都渋谷区神宮前4-12-10
表参道ヒルズ西館B2
☎03・6447・0707

気の利いたギフトを探すときに

ヴァルカナイズ・ロンドン

「英国ブランド〝フォックス〟の傘、〝スマイソン〟の手帳など、男女問わず、贈り物に最適」

東京都港区南青山5-8-5
☎03・5464・5255

グラディスカ

「ヴィンテージのガラス器や額縁などのインテリアグッズは、大切な人へのプレゼントに」

東京都港区南青山5-4-29
☎03・3407・9147

丸美花園《まるみかえん》

「お祝い、お見舞いなど、花を贈る場合は、そのセンスのよさで、昔からここと決めています」

東京都港区南青山5-3-10
FROM-1st　グランドフロア
☎03・3499・3520

シーズン初めに美脚パンツを買うなら

ドルチェ＆ガッバーナ 表参道

「このブランドのすべてが好きだけれど、あえて言うなら、パンツ。シルエットは抜群！」

東京都渋谷区神宮前4-12-10
表参道ヒルズ本館1F
☎03・5785・0853

グッチ青山店

「季節ごとにベーシックなパンツを必ず何本か試着します。細身の黒は基本ですね」

東京都港区北青山3-6-7
パラシオタワー（グッチ ジャパン カスタマーサービス）
☎03・5469・6611

一枚で華になる普段着を探すなら

ADORE《アドーア》 表参道ヒルズ

「ワンピースやチュニックなど気負いなく着られて、華のある服ならここ。愛用してます」

東京都渋谷区神宮前4-12-10
表参道ヒルズ本館B1
☎03・5410・0551

プレインピープル青山

「旅先で便利なジャージーアイテムや軽いアクセサリーが豊富。海外ロケの前に直行！」

東京都港区南青山5-3-5
☎03・6419・0978

押田さんは、自宅とは別に、表参道に個人オフィスを構えています。そのせいもあってか、彼女の行動範囲は、表参道を中心とした青山界隈に集中しています。「仕事で回ることはもちろん、洗練された表参道はプライベートでもよく訪れます」という押田さんに、お気に入りのショップを教えていただきました。

テイクアウトの常連です

PARIYA《パリヤ》 青山店

「お惣菜がすごく充実しているので、自由にセレクトしてテイクアウト! ご飯は玄米も」

東京都港区北青山3-12-14
MAKO北青山1F
☎03・3409・8468

ナチュラルハウス 青山店

「おなじみのオーガニックの専門店ですが、私はここのお弁当のファン! 体にもよさそう」

東京都港区北青山3-6-18
☎03・3498・2277

着こなしのヒントは洋書から

嶋田洋書

「写真集など、ビジュアル本の洋書屋さんといえばここ。若いころから通ってます」

東京都港区南青山5-5-25
T-PLACEビル 1F
☎03・3407・3863

on Sundays《オン・サンデーズ》

「ワタリウム美術館のショップ。最旬の写真集などはここで。アートな空間も素敵です」

東京都渋谷区神宮前3-7-6
☎03・3470・1424

ランチタイムに愛用しています

静香庵《せいこうあん》

「落ち着いた雰囲気のこの店では、よくプレスの方とランチを。新潟産のお米も魚も美味」

東京都渋谷区神宮前4-11-7
表参道・新潟館ネスパス1F
☎03・5771・8500

中華風家庭料理
ふーみん

「若い人と、がっつり食べるときに必ず行く、中華の名店。私は『納豆チャーハン』が大好き!」

東京都港区南青山5-7-17
青山小原ビルB1
☎03・3498・4466

南青山 やんも

「伊豆から新鮮な食材を取り寄せている和食の店。アツアツの焼き魚が食べたくなったら」

東京都港区南青山5-5-25
T-PLACEビルB1
☎03・5466・0636

おもたせで頼りになるのは

欧風菓子クドウ 青山店

「どこか懐かしさを感じさせるここのケーキや焼き菓子は、だれに贈っても喜ばれます」

東京都港区北青山3-5-8
☎03・5786・0910

レダラッハ 青山店

「スイスの名門。かわいくておいしい動物チョコシリーズは、〝受け狙い〟の手みやげに」

東京都港区南青山5-4-40
☎03・3409・1160

打ち合わせを兼ねてお茶するときは

ヨックモック青山本店

「深いブルーのタイルに囲まれた中庭は、とても気の休まる空間。ゆっくりしたいときに」

東京都港区南青山5-3-3
☎03・5485・3340(カフェ)

洋菓子舗ウエスト
青山ガーデン

「ちょっと足を延ばしてでも、行く価値あり。ここのテラス席で食べるサンドイッチは最高です!」

東京都港区南青山1-22-10
☎03・3403・1818

Secret Techniques

体型をカバーする8の秘密

「気になる体型をすっきり見せるには、少しの工夫とセンスが必要よ」

「ヒップは隠さなきゃって、
中途半端な
ロングトップスに頼ると
だるまになってしまいます」

「デコルテ、足首、腕…。
〝出せる〟ところは
隠さずに思いきって
肌を出す」

下がりぎみのヒップを隠したいのはわかります。でも、全体のバランスを考えずに、ヒップが完全に隠れるトップスを合わせると、脚が妙に短く見えたり、膨張してだるまのように見えてしまうことも。長すぎる、かつボリュームのあるチュニックを着るときは、必ず全身が映る鏡でチェック！ ヒップは半分隠す、くらいがちょうどいい！

年齢を重ねて、胸も下がってくるぶん、デコルテって意外と広く出しても美しく見えるのよね。それに、いくら二の腕や太ももが太くても、手首や足首は細い！ そう、出せないところは隠すけれど、逆転の発想で、自信のあるところは、思いきって肌を出しましょう！ その瞬間、だれもあなたの欠点には目を向けません。

年齢を重ねるにつれて、体型がくずれてくるのはあたりまえのこと。「私だって、おなかまわりはもう大変！　でも、それを隠そうとしてばかりいると、かえって欠点が目立ってしまいます」と押田さん。いつもスタイルよく、素敵な押田さんには、すっきり見える着こなしの秘密があったのです。

「コーディネートのどこかに
基本カラーの黒を。
黒ほど、引き締める色は
ありませんから」

「遠目バランスのよさこそ、
すっきりと、すらりと
見せるための
基本ポイントです」

全身黒の着こなしは、もちろん私らしいけれど、黒を上手に引き締めカラーとして使うことも〝押田テクニック〟のひとつですね。特にオフ白やベージュなどの膨張色を着るときは、小物やインナー、そしてボトムなどで、上手に黒を全身にちりばめます。それだけで、すっきりと、そして印象的に見えるから不思議。

遠くから見たときに、モデルさんのように背が高く見えたけれど、実際は意外と低かった。そんな女性は遠目バランスのいい美人。コートやジャケットの長さ、パンツのライン、髪の分量、バッグや靴のボリューム感…すべてが調和された、自分に合った全身バランスを知ることは、すっきりとスタイルよく見せる近道です。

「Vゾーンは気持ち深め…、
肌見せ効果に加え、
直線的なラインが
すっきりを印象づけます」

「サイズ感の
合っていない
服を着た女性は絶対に
あか抜けて見えません」

前にも言いましたが、多少ふくよかな人でもデコルテは贅肉がつきにくく、すっきりとしているものです。そんな年齢を重ねた大人の女性にとって最大の長所=Vゾーンを、深く開けない手はありません。ラインが描くシャープさと鎖骨をのぞかせることで、顔や首筋まですっきり。体型そのものまで、ほっそりと華奢に見えますよ。

実年齢よりも上に見られてしまう女性に多いのが、ゆとりのある大きめサイズの洋服を選んでいるケース。特にジャケットやコートなど、肩が落ちていたり、脇がだぶついていたりすると、それだけでおしゃれは台無し、あか抜けません。きつそうに見えるのは無論NGだけれど…。自分のサイズをもっと厳しく見直しましょう。

「トップスにボリュームをもたせたら、
ボトムは細身が鉄則。
極端なほどのメリハリが重要」

「洋服って思いきることが大切。
思いきりコンパクト。
思いきりふんわり。
中途半端は野暮ったく見えます」

ここ数年、人気の高いボリュームトップスは、体型が気になり始めた大人の女性にとってまさに救世主。これを着るとき、ボトムは細身に徹し、それ以外は合わせちゃダメ。この極端なまでのメリハリが重要なのです。グラマラスな女の人のボディラインは、程よく強調したほうが、結果的には、全体が華奢に見えるはずよ!

いちばん厄介なのは、なんとなく全体がふんわりとした、そして、ぼんやりとした着こなし。上の写真を見て！　ウエストマークで上半身を思いきりコンパクトにまとめたぶん、思いきりボリュームあるコートが魅力的に見える。この〝思いきり〟が大切なの。これがベーシックなシルエットなら、地味で印象に残らないでしょう。

品のいいエレガンスに、自分らしさを託したインパクト小物で時代感やラグジュアリー感を加えるのが私のコーディネートの基本。カシミアニットにパールのネックレスだけでも確かに上品ですが、それだけでは〝あなた自身〟は見えづらい。小物に、自分のスタイルをもっと語らせなきゃ！　そして、小物には、女性の心を高揚させる魔力もあります。疲れていても華やぎオーラで元気になれるゴールド、大人の女性としての自信をもたせてくれるプレシャスレザーのバッグ……。女は華やかな小物を持つだけで、〝攻め〟の気持ちになれるもの。だから、小物選びには最高の愛情を。大人の女性を錆びさせない秘密がそこにあるのですから。

Lesson.2

Accessory

おしゃれの仕上げに ときめきの最愛小物

「大きな買い物をするのは、
これからの試練を
一緒に戦う勇気をもらうため。
必ず、先にある何かのために、
買うのです」

数ある装飾品の中でも時計は、人生の盟友という気持ち。だからこそ、本当に必要な時計はいくつも要らない。じっくり真摯に選んだものだけを身につけたいですね。

「〝色気〟のある小物は、
一点だけでいいんです。
十分な存在感を
もたらしますから」

右ページ／私の着映え術にヒョウ柄はマスト。特に黒ベースの服に、最も役立ちます。アイテム選びで着目するのは、柄にクラシックな色気があるかどうか。
左ページ／恋にも似た、最愛小物との出合いがあります。そういった〝ひと目惚れ〟や〝ときめき〟の感度をもち続ければ、いつまでも若々しくいられるはず。

「『派手すぎたかな？』と思うくらいがちょうどいい！」

「気分を高揚させてくれるバッグは、
錆びない秘訣」

右ページ／きれい色パイソンのポシェット。プレシャスレザーのバッグで着こなしを遊ぶ、こんな、無難に終始しない姿勢が、新しいおしゃれにつながります。

左ページ／靴選びに手を抜いたら、せっかくのおしゃれも台無し。靴は、時代のトレンドを敏感に反映するアイテム。足元の印象を変えるだけで、着こなし全体のイメージも更新されます。

「いくつになっても
ハイヒールを履く
女でいたい」

「押田エレガンス」を支える最重要小物！

私が行き着いた、一生愛せる名品バッグ

〝ロエベ〟の
『アマソナ』

ボストンタイプの名品『アマソナ』。仕事用には28センチサイズをよく持ちますが、これはミニ。ニュアンスグレーのリザードが上品な表情です。

〝シャネル〟の
キルティングバッグ

購入したのはもう随分と前。大切に使っていることもありますが、とても丈夫。これも名品バッグたるゆえん。おばあちゃんになるまで使い続けます！

〝グッチ〟の
ワンハンドルバッグ

深みのあるビリジアンブルーは、特に秋冬の着こなしに似合います。〝グッチ〟は使い勝手も優秀なので、仕事バッグに欠かせないブランド。

流行に左右されない頼もしい存在感

クラシカルバッグ

ヒョウ柄や〝プッチ〟のイメージが強いせいか、私のことを「派手好き」とお思いの方もいるようですが、それは大きな勘違い！　アイテムひとつひとつは、常にベーシックなんです。それはバッグについても同じ。たたずまいに品のよさがなければ持ちません。デザインがエレガントだからこそ、素材や色にインパクトがあるものを選べる。特にレザーのバッグは、できるだけ〝名品〟とされるバッグを選んでいます。

ワンハンドルバッグを使って
コーディネートしてみました

バッグを主役に
コーディネートを発想。
きれい色を最大限に生かして

バッグの占める面積の割合が大きいこのコーディネートでは、ビリジアンブルーの美しさを生かし、バッグを主役に着こなしを組み立てました。複雑な色合いのブルーは、グレーとの相性がぴったり。服はグレーを重ねてグラデーション配色にして奥行きを出すと、知的で大人っぽい雰囲気に。プリントスカーフをあしらうと、バッグの存在感がより際立ちます。

〝ブルガリ〟の
ビーズバッグ

総ビーズのきらびやかな本体に、大好きなアンティークコインのモチーフ『モネーテ』が、留め具にも、チェーンにもあしらわれていて、ひと目惚れ！

〝グッチ〟の
オーストリッチバッグ

メタルの質や色味、量感も重要なポイントですが、さすが〝グッチ〟という仕上がり。留め具の、アンティーク風の凝ったデザインも素晴らしい。

〝ランバン〟の
リザードバッグ

〝ランバン〟のチェーンデザインは、もう最高に私好み！　グログランリボンやパーツ使いなど、とってもおしゃれ。リザードの表情もインパクト大ね。

ジュエリーに匹敵する華やぎ

チェーンポシェット

私にとってポシェットはアクセサリー。だから、プレシャスレザーやビーズなど、華やかでインパクトのある素材を選びます。さらに、ストラップはメタルチェーンのものに限ります。ここが重要。なぜなら、このチェーンがアクセサリー効果をより高めるからです。チェーン自体にデザインがあるものなら、なおさら！　ほかにジュエリーをつけなくても十分なくらい華やぎますよ。ふだんの着こなしにもよく登場させています。

オーストリッチバッグを使って
コーディネートしてみました

ワンピース×
チェーンポシェットは
押田スタイルの大定番です

このワンピースは〝ADORE《アドーア》〟のものですが、プルオーバータイプのワンピースは春夏用、秋冬用とも何枚ももっています。特にワントーンのワンピースは小物で盛り上げると、おしゃれ感がぐんぐん増す！　私の中で「ワンピース×チェーンポシェット」は、頭を使わずともコーディネートできてしまうくらい、大好きな組み合わせです。

×白レザー

かごと白レザーの組み合わせがさわやか。ハンドルもレザーなので、持ちやすいですね。コインモチーフのチャームも〝ドルチェ&ガッバーナ〟です。

×黒レザーメッシュ

黒のレザーメッシュでかごバッグを覆うこのセンス！　だからやめられないんです！　中の巾着はヒョウ柄。開けるたび、心が弾みます。

×デニム&パイソン

トリプル素材使いの小ぶりサイズ。ハンドルの付け根部分にチャームを付けやすいので、手もちのキーホルダーなどでカスタマイズして楽しむことも。

最愛は〝ドルチェ&ガッバーナ〟

かごバッグ

初めて〝ドルチェ&ガッバーナ〟のかごバッグに出合ったときの衝撃と言ったら！　それ以来、もう夢中です。かごに掛け合わせる素材使いの絶妙なセンス、中にはヒョウ柄の裏地が巾着仕様になっているものもあって、使い勝手もきちんと考慮されています。春夏の定番なので、毎年、どんなデザインが出るのか楽しみ。秋冬も、着こなしの〝抜け感〟づくりに重宝するので、シーズン問わず愛用しています！

デニム&パイソンバッグを使って
コーディネートしてみました

季節の垣根を越えて、
組み合わせの妙を
楽しむコーディネート

冬の着こなしに、かごバッグを合わせるのも好き。〝ドルチェ&ガッバーナ〟のものは、かごバッグとはいえ、異素材使い、そしてデザインに重厚感があるので、重めのウールなど冬素材とのバランスもいいんです。ファーストールとかごバッグ、冬と夏の組み合わせの妙を楽しむ着こなし。いつものデニムカジュアルも、大人の遊び心が光る新鮮な表情になります。

センスとおちゃめ心が光る小物満載!

バッグの中身も私らしさにこだわります

どれを選んで、どんな着こなしに合わせて持つか…。

バッグには、女性の美意識と世界観が表れます。それは、バッグの中身も同じ。

バッグが外見なら、中身は内面。どんなに素敵な見た目の女性でも、内面が〝すかすか〟じゃ幻滅!

パーソナルな場所だからこそ、自分らしさを充実させたいですね。

1.ストール
温度調節用に
暑い季節も
薄軽ストールを
入れています
4.サングラス
シーズンレスな
必需品です
3.小ポーチ
ポーチ大好き♡
こまごました物入れに
2.財布
最近の
ヘビロテ財布は
茶のクロコダイル

1. 気温対策にも最適なストールは、薄手で軽量の、小さく丸められるものが便利。これは〝ブルネロ クチネリ〟のカシミア素材。とろけるような肌触りです。
2. お財布は長財布しか使いません。最近よく使っているのはクロコダイルのもの。常に中身は整理するようにしているので、気分転換にお財布を替えたりもします。
3. バッグの中身は、小さめのポーチに小分けして整理。特にジュエリーやアクセサリーは、状況に合わせてつけ替えることもあるので、多めに持って行きますね。
4. 目から入る紫外線もシミの原因になると聞いてから、サングラスを持ち歩くようになりました。
5. リングや時計、ブレスレットが映えるように、手元は徹底ケア。
6. 事務所での空き時間を活用して、シートマスクをすることも。ミラーも大好きなヒョウ柄です！
7. バッグの中にきれい色の華やかなプリントの布が一枚あるだけで幸せな気持ちになれますよ。
8. 企画の内容によっては、服の写真を大量に撮ることも。iPadがあると大きなサイズで見られて本当に便利。手放せないわ！
9. 心に響いた本は、ときどき読み返します。今は『宮本武蔵』。生きざまに惚れ直しています！
10. 右の猫の手は、マッサージ器。左は娘からのプレゼント。
11. 名刺入れは〝ティファニー〟。手帳は〝スマイソン〟のもの。
12. バジルやトマトチーズなど、洋風おかきにハマっています。いつも青山の「紀ノ国屋」で購入。柚子こしょう風味も美味。
13. ペンケースも〝プッチ〟。スペースを取らない、細長フォルムがバッグの中に収まりがよく、使いやすくて気に入っています。

12.おやつ
紀ノ国屋で
売っている
おかきが大好物
10.ぬいぐるみ
見ると心がふと軽くなる
〝お笑い系小物〟も！
9.本
心の師匠、
宮本武蔵。
折に触れ読み返す
名著です
7.ハンカチ
ほとんどが
〝プッチ〟
6.ポーチ
ビューティ用
ポーチには
お手入れ系
アイテムも
5.ハンドクリーム
手元ケアは
念入りに
バジル
宮本武蔵 (五)
吉川英治歴史時代文庫 18
SK-II
ANNEMARIE BÖRLIND
HAND BALSAM
13.ペンケース
使い勝手も
抜群です
11.名刺入れ＆手帳
ビジネスアイテムは
元気になる
きれい色を
8.携帯電話＆ iPad
デジタルツールは
携帯電話＆ iPadの
2個持ち

My Favorite Things

ALL私物!　本人撮影の愛おしいモノたち

「私を高めてくれる宝物をご紹介します」

ヒョウ柄は私の第2の皮膚!

私が選ぶヒョウ柄は、クラシックで上品であることが条件。最愛は〝ドルチェ&ガッバーナ〟と〝イヴ・サンローラン〟です。

プチプラ・ハンターの血が騒いだ!

激安ショップで発見したポーチは、色も型押しクロコの具合もいい感じ。入れ子式の4個セットで、約1,000円!

事務所のパワースポットです

御札とともに置いてある〝プラダ〟のチャームは、尊敬する仕事仲間との思い出の品。仕事へのパワーをくれます。

ピアスはフープと決めています

ピアスのほとんどは、強力な顔映え力を誇る、直径2〜3センチのフープタイプ。ヘビーローテーションは〝サイモン アルカンタラ〟のオニキス(黒)のもの。

娘にも手伝ってもらいながら、デジカメで撮った宝物を見わたしてみると、私の個性がよくわかりますね（笑）。でも、ここにあるものには、「流行だから」「みんながもっているから」「すすめられたから」といった理由で選んだものは、ただのひとつもありません。私のアンテナとハートと運命が呼び寄せたものばかりです。

大好きな〝ダイアン〟本を眺めながら

ダイアン フォン ファステンバーグさんも尊敬するひとり。ラップドレスを考案した人だけに、ご本人も着こなしも本当に素敵！

飽きないどころか愛情は増すばかり

〝ブルガリ〟の『モネーテ』はお守りのような存在。左のネックレスは40歳の節目に購入して以来のおつきあい。どんな装いにも華を添えてくれます。

とっても便利な着せ替え時計

〝ブシュロン〟の『リフレ』ウォッチの魅力は、付け替えが簡単なストラップ。素材・色が豊富にあるので、数種類そろえて着こなしに合わせて楽しんでいます。

おみやげに120％喜んでもらえます

〝レダラッハ〟のチョコは、お花やハチ、マウスなど、何しろモチーフがかわいくて、なおかつ、おいしい！

見えないところで大活躍の救世主！

目下愛用中のソフト補整下着〝SPANX〟《スパンクス》。ドレスをよく着る海外大物セレブたちがこぞって使っているだけあって、本当に〝効く〟わよ！

一生の愛を誓いました

最愛ジュエラーのひとつ〝フェデリーコ・ブチェラッティ〟。ここのジュエリーが重ねづけしても嫌みにならないのは、デザインにクラシックな気品があるからこそ。本物は懐が深い！

おしゃれの刺激を受けるために

海外に行ったときや洋書屋さんで、ファッションやインテリア関係のヴィジュアル本をよく買います。美しいものを見て、〝おしゃれ脳〟を鍛えます！

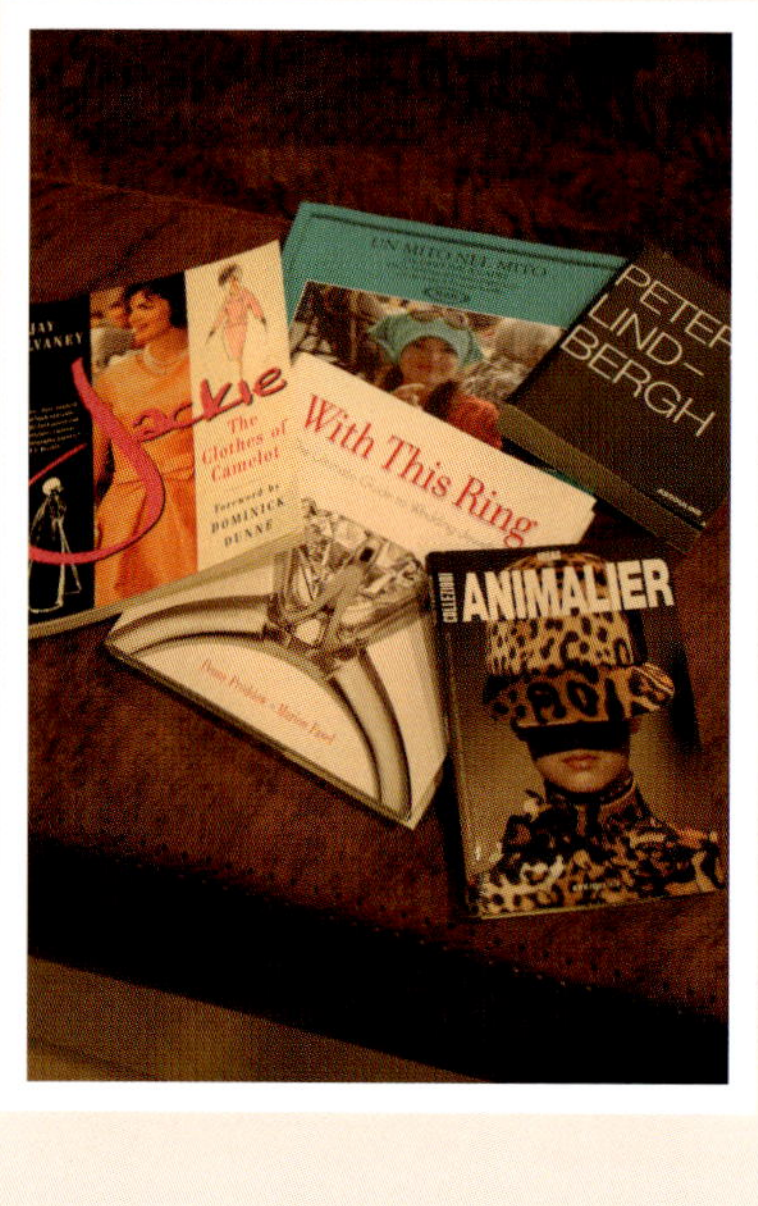

金曜日は〝のり弁〞の日♪

ロケの朝ごはんでいつもお世話になっているおにぎり屋さんが、金曜日だけ出す〝のり弁〟。名品級のお味です！

新しい家族、柴犬の海《カイ》です。幼稚園（訓練所です！）やドッグランに行くようになり、私の行動範囲も広がって、癒しの時間を過ごしています。

このつぶらな目で見つめられると…

女優の小雪さんからのプレゼント

針山は京都の老舗店のものだそう。先日、2代目をいただきました。ゴムバンドは、小雪さん自ら、手縫いで付けてくれました！　優しい心遣いに感謝です。

〝ミッソーニ〟のストールも、「押田エレガンス」に欠かせない重要小物。黒メインの着こなしを盛り上げます。華やかなラメ入りのものは、肌のくすみも飛ばすほどの威力！

色彩とパターン美の虜です

和洋ＭＩＸなデザインが私好みです

京都とパリを中心に集めた布やリボンを、コラージュしたポーチ。すべてデザイナーのchiko《チコ》さんのハンドメイドです。

My Favorite Things

自宅には必ず生花を飾っています

忙しいときほど、余裕をもつようにしていたいから、季節の花や、好きな種類の花を常に飾って、目に栄養、心に潤いを与えるようにしています。

私物史上最高の〝清水買い〟アイテム！

〝カルティエ〟のダイヤモンドパヴェ時計『パンテール』は、宝石箱にしまいっぱなしにせず、ほぼ毎日愛用。

ご覧のように、ミステリーもの、刑事もの、時代小説が中心の活字中毒！　読み出したら止まりません。

本棚の一部です。嗜好がわかりますよね!?

コーディネートが濃厚になりがちなので（笑）、明るめ、軽めの印象のサングラスを選ぶことが多いですね。

明るめの色のものが好みです

スタッズものにも目がありません！

着こなしが予定調和になりそうなときの、〝はずし〟効果を狙うのに最適なスタッズ付きのバッグや靴。左下のバッグは〝ロジェ ヴィヴィエ〟、上のバッグとサボは〝セルジオ・ロッシ〟のものです。

ここのホーザリーがないと困ります…

〝ピエールマントゥー〟の優秀ストッキング。極細ネットの『マイクロネット』(右)は、ストック。撮影でも、私的にも重宝。

ひと目惚れジュエリーです♡

ひと目合ったそのときに恋の火花がちりました！〝M.C.L by《バイ》 Matthew《マシュー》 Campbell《キャンベル》 Laurenza《ローレンザ》〟は、独特な石の使い方が素敵。買いやすいお値段も魅力。

ルームキャンドルは欠かしません

夜のリラックスタイムは、香りのいいルームキャンドルとともに。大きめサイズのガラス容器は、インテリアのアクセントにもなります。

Elegant Interior

エレガントに暮らすアイディア

「インテリアもおしゃれと同じ。心地よい空間を自分らしく楽しみたい!」

Idea.1

「玄関はお気に入りのアートスペース。センスの見せどころです」

玄関は家に入って
まず目に飛び込んでくるところ。
そこにお気に入りのアート空間を
つくってみましょう。
わが家は白がベースなので
香港で購入したローチェストと
床に敷いたカウラグで
コクのあるチョコ茶をプラス。
額装したポスターにも注目!

Idea.2

「明るいガラスのフラワーベースで、きれい色をアクセントに」

アクセントとなる差し色を
フラワーベースなどの
小物で取り入れるのも方法。
ガラスの透明感も魅力です。

押田さんのセンスのよさは、ファッションだけにとどまらず、ご自宅のインテリアも絶妙です。「どこかに自分らしさを取り入れたいと、大好きなヴィンテージテイストを基本にしました」と言う押田さん。そして、スタイリストならではの収納法もさすが。居心地のいい空間づくりのアイディアを公開します。

Idea.4

「ベージュをベースにした落ち着いた色調のリビングは家族全員の居心地のいい空間です」

わが家のリビングは、淡いベージュのフローリングと壁をベースカラーにして、それに合う色調の家具をそろえていきました。ポイントはこのかすれたような色味の煉瓦《れんが》の壁。これがあったから、この家を選んだといっても過言ではありません。

Idea.3

「海外雑誌に掲載されていたN.Y.のロフトのインテリアを参考にしました!」

海外雑誌からお手本となる部屋のイメージを探しましょう。私の場合は、このページのN.Y.の家がまさに理想でした。

Idea.6
「ブティックを
イメージして、
クローゼットの
棚の一部を
バッグ専用の飾る
収納スペースに」

バッグを正面に向けて並べ、
専用のコーナーにしました。
あれこれ探すこともなくなり、
コーディネートもラクに。

Idea.5
「クローゼットの中は
色別・柄別に
仕分けて収納。
ひと目でわかれば、
おしゃれをする
意欲もわきます！」

クローゼットにかけている服は
アイテム別ではなく、
ヒョウ柄、プリント、無地…と
色や柄ごとに並べるのが私流。
そのほうがコーディネートが
しやすいし、見た目もすっきり。
柄と柄の間に無地の服を入れ、
区別しやすいよう工夫してます。

Idea.7
「〝グローブ
トロッター〟は、
収納＆部屋を飾る
インテリアの
ポイントに」

スペースを取るスーツケースは
色調をそろえて、インテリアの
ポイントとして利用しましょう。
中にはストールやファーなどを
収納し、フル活用してます。

Idea.8
「雑然としがちな小物類は、見せる収納ですっきりと工夫してます」

サイズ違いのボックスを並べ、
その中にアクセサリーを。
飾って楽しむ収納で
雑然とした小物もすっきり。

Idea.9
「リビングのコーナーは私専用のお昼寝のスペースがあるんです」

リビングのコーナーに自分だけの
専用スペースをつくりました。
〝無印良品〟のシングルベッドに
肌触りのいいカシミアカバーをかけて。
読書をしたり、お昼寝したり、
心からくつろげる場所です。

Idea.10
「自慢は鮮やかなシルクスクリーン。ダイニングに迫力が加わって、ゲストからも好評です」

ヴィンテージテイストの
大型テーブルを中心に、
ナチュラルな色調でそろえた
ダイニングには、鮮やかな色彩の
大きなシルクスクリーンを設置。
強い色をワンポイント投入するだけで、
部屋の印象が
劇的に変わりました。

おしゃれのセンスが
育まれた幼少時代

編み物好きの母がニットを、
洋裁を学んだ叔母が服を担当。
自分が着たい服をいつも考えて、
つくってもらいました。

Lesson.3

Philosophy

生き方そのものにも表れる
エレガンスの流儀

スタイリストになって
駆け抜けた20代

短大卒業後、アシスタントを経て、
独立。仕事、結婚と多忙を
極めた20代。必死だったけれど、
このときがあるから今がある。

「父がくれた裁ちばさみが今も私を励ましてくれる」

私の「比呂美」、という名前は、母がつけてくれました。「本名ですか?」と聞かれることも多いのですが、'57年に会津若松で生まれたことを考えたら、確かに珍しい名前かもしれません。実は母が高校時代、パリで活躍する日本人美容師さんの本を読んで、とても感銘を受けたらしいのです。その美容師さんのお名前が「ひろみ」。だから、私の名前には、「いつか、海外で活躍するような女性になってほしい」という母の願いが込められています。

今、思い返しても、母は子供の自主性をとても尊重してくれる人でした。私は物心つく前から、母や叔母のお手製の服を着ることが多かったのですが、デザインを決めるときにも、「自分で着たいお洋服の絵を描いてごらんなさい」と、言ってくれましたね。

生地を選んで、デザインや切り替えなどのディテールを考えて……すごく楽しかった! 今、古いアルバムをめくっても、子供の頃の私は、とてもかわいい洋服を着ているんです。

自分が好きな洋服について「考える」こと。似合う服を着たときのドキドキするような「高揚感」。これらを子供時代に味わえたのは、とても幸運でしたし、それが私の原点だったのだとあらためて思います。中学生になる頃には、「洋服が大好きな女の子」に。当時は『an・an』や『non-no』などの雑誌の人気が社会現象のようになっていて、むさぼるように読んでいるうち、高校2年生になる頃には、自然と「スタイリストになるんだ!」と決めていました。

ところが、実は私の家は、親戚も含め、全員が学校の先生という教師一家。ですから、私が「スタイリストになるために上京する」と宣言したときも、父は反対でした。たぶん、教師になってほしかったのでしょうね。

しかも当時は、「女の子は卒業したら腰掛け程度に就職して、専業主婦に」というのがあたりまえの時代。スタイリストなんて職業、誰も知りませんでしたから、父が反対するのも無理はなかった。でも高校生で、しかも自分の夢しか見えていなかった私には、父の気持ちなんて、考える余裕もなかったんです。

なかば強引に父を説き伏せ、東京へと向かう汽車が出発する直前、母から「父さんからよ」と渡されたのは、なんとゴールドの裁ちばさみ。父の気持ちがうれしくて、号泣したのをよく覚えています。

「家族のおかげで、ここまでこられた。仕事と家族は、私の人生を支える両輪です」

東京で服飾短大に進学し、初めてファッションの仕事にかかわったのは、19歳のとき。24歳で独立して、27歳で結婚、36歳で出産。

今、思い出しても怒濤《どとう》のような日々でしたが、常に私の背中を押してくれたのは、「一度き

初めて自分で買ったクラスブランド
独立してすぐ、撮影中に傷がついてしまい買い取った〝グッチ〟。その頃の私には高い買い物でしたが、傷は直さずそのままに。今も見ると初心に戻ります。

りの人生。やらないで後悔するよりも、なんでも経験してみたい」という思い。パートナーの理解があったのも、幸運でした。

実は夫と出会ったのは、中学生のとき。彼は私が住んでいた町よりさらに山奥からの転校生だったのですが、「なんとなく、あか抜けたコだなぁ」というのが、第一印象でした。

高校2年生のとき、当時流行《はや》っていたアイビーに憧れて、母の友人に編んでもらったカーディガンを、彼がすごく褒めてくれたのが、親しくなるきっかけ。彼自身もフィッシャーマンセーターにオーバーオール、足元はブーツという、ほかの男の子とはひと味違うファッションで、「この人となら、一緒に歩ける！」と直感しました。

私は常に「見た目は重要」と言い続けていますが、それはパートナーに関しても同様。年齢とともに、容姿や性格は変わっていきますが、センスの善し悪しは、変わりませんから(笑)。

娘にとっても、おしゃれな彼は、自慢の父親だったと思います。

つきあい始めたときから、「私はスタイリストになる」と言っていたので、彼にとっても私は働くのがあたりまえ。とはいえ、結婚して、出産しても、彼がそのスタンスを変えなかったのは、ありがたかったですね。

今は結婚しても女性が働くのは決して珍しいことではありませんが、それでも、女性が仕事と結婚、あるいは出産との狭間で抱く悩みには、それほど変わりはないように思います。「ここで出産したら、私のキャリアはどうなるの?」「仕事に復帰できるのだろうか?」……。

私も迷いました。でも、今、若い方たちにあえて辛口なアドバイスをするとしたら、「結婚や出産くらいでダメになるようなキャリアだったら、『もともとたいしたキャリアじゃなかった』と思いなさい」ということ。

ときどき、「子供の存在が自分の仕事の足かせになっている」という意味合いのことを言う人がいますが、私は決してそうは思いません。

仕事と結婚、あるいは子育ての両立に悩むのは、女性なら一度は通る道。「大丈夫。あなたが今まで努力して積み上げてきたキャリアは、きっとあなたを助けてくれるはず。自信を持って！」とエールを送りたいですね。

もちろん子供がいることで、何かを諦めなくてはならないときもあります。でも子育ては長いように思えても、実はあっという間。私の娘も、そろそろ自立を迎える時期。これまで彼女がどれほど、大きな喜びを、私にもたらしてくれたことか！

「ありがとう。あなたのおかげで、今の私があります」と、娘には感謝の言葉を贈りたいですね。

「ファッションは頭脳戦。『攻撃は最大の防御』です」

『Ｏｇｇｉ』『Ｄｏｍａｎｉ』など、今まで雑誌を中心に、さまざまな仕事にかかわってきました。特に『Ｐｒｅｃｉｏｕｓ』では小雪さんと出会い、それまで経験したことのなかったドラマやコマーシャルにチャレンジできたのも、大きな出来事。新たなジャンルに挑戦することで、自分の可能性が広がったような気がします。

30代、40代と年齢を重ねても、スタイリストとして第一線でやってこられたのは、私に明確なカラー、個性があったのも大きな理由だと思います。

思えば高校生のとき、仲のよかった4人グループで、「おそろいのコートを買おう」と誘われたときも、「私に似合うものはこれじゃないな」と、ひとり違ったデザインを選んだ私。当時から、「人に合わせるよりも、自分のために、似合うもの、好きなもの」を着るのが、ファッションの基本でした。

今でも、長いおつきあいの編集者から、「押田さんって、好きなものが本当にはっきりしているわね」と言われます。好きなものが明快ということは、テーマのある仕事をいただいたとき、読者にも「押田らしさ」をわかりやすく提示できることにつながります。

理想のイメージとして、いつも念頭にあるのが、アメリカのテレビドラマ『刑事コロンボ』

いつまでも好きな服を着続けたい！

これは最近購入した〝イヴ・サンローラン〟のワンピース。ヒョウ柄は一生やめない自信があります(笑)。服に元気をもらって仕事もがんばれる！

に出てくるような、上流階級のマダムたち。彼女たちはエレガントなスーツやワンピースなど、女性らしさを引き立てる服、しかも、いかにも「お誂《あつら》え」といったジャストサイズの洋服を、品のよいセクシーさで着こなしています。それでいて、男性に媚びるような雰囲気とは無縁。

私は洋服に「永遠の定番」など存在しないと思っていますが、私にとっての「ベーシック」は、艶のあるクラシックスタイル。世の中には女性の数だけ、「ベーシックスタイル」が存在します。そしてあなたにふさわしいベーシックは、あなた自身が見つけるしかないのです。

ときどき、「私に何が似合うのか、教えてください」という質問を受けるのですが、若いお嬢さんならともかく、40代の女性からの質問ですと、本当に答えに困ってしまいます。「あなたは何が好きなの？　どんな女性になりたいの？　40年間、何を着てきたの？」と少々意地悪ですが、こちらから聞いてみたくなるほど。

どんな職業であっても、あるいは仕事をしていなくても、自分のことをよくわかったうえで、自分のための、自分らしいおしゃれができている女性は、輝いているものです。

パリの〝エルメス〟本店でオーダーした『バーキン』
ミッドナイトブルーのクロコの『バーキン』は私にとっての究極。もっといい味が出るように、日常使いし続けます。

女優の小雪さんとの縁ある出会い
『Precious』での仕事をきっかけに、公私ともにおつきあいさせていただいています。「おっしー」と呼ばれています。

エレガンスを深く追求するきっかけとなった『Precious』
'03年の創刊準備号から携わり約10年。徹底して大人のための、シンプルでエレガント、ラグジュアリーな着こなしを提案し続けています。

そのためには、自分の体型や姿勢、サイズ、さらに洋服を着るうえでの長所や弱点などをきちんと把握して、さらにそこにTPOや自分の置かれた立場など、さまざまな要素を加味していく判断力が必要。

「ファッションはセンスしだい」と思っている女性は多いのですが、私自身はセンス以前に、「TPOにそぐわない装いは最悪」と思っています。せっかく素敵なレストランに出かけても、カジュアルすぎる女性が隣に座っただけで、興醒めです。

「ファッションは頭脳戦」なのです。そして、女としてサビつかないため、退化しないために覚えておくべき戦術は、「攻撃は最大の防御なり」。

弱点を隠すのではなく、長所を強調すること。無難にまとめるのではなく、自分がときめく気持ちを信じて美しいものを身につけること。

積極的におしゃれを楽しむ気持ちが「着映え」につながり、センスを磨いていくのです。

おしゃれの楽しさを
伝えたくて…
これまで出させていただいた本たち。
『コーディネート・秘密の法則』
（KKベストセラーズ）は、
中文版も出ました！

ワイルドキャットの
ファーストール
たまたま縁があって、手に
入れられたワイルドキャットの
ストール。とても稀少なもの
だからこそ大切に使います。

家族の写真を見て
いつも励みにしています
節目や旅行では必ず家族の
写真を撮ってきました。
3人の歴史が刻まれた写真は宝物。
左上の写真はいつも事務所に。

「加齢を進化に変える。ファッションには、その力があるのです」

どんなに美しく生まれついた女性であっても、残念ながら、年齢とともに容姿は衰えていくものです。努力なしに現状維持はありえません。

たぶん、多くの女性にとって、「実際の年齢より少し若く」見えて、「着やせ」して見えるファッションは、永遠のテーマなのではないでしょうか。

若い世代ではそれほど差がなくても、40代、50代と年齢が上がるにつれ、「年齢より若く見える人」と「年齢相応か、それより老けて見える人」との差は、どんどん広がっていきます。

私は、その原因は「トレンドをトッピングするさじ加減」にあるのでは、と思っています。

勘違いしてほしくないのは、「若々しさと若づくりはまったく違う」ということ。若い世代と同じ土俵で勝負するのは、無謀というものです。たとえば、「今年は少し、スカートの丈が短めだな」と感じたら、〝自分の似合う範囲〟で丈を数センチ、短くしてみる。カラーパンツがトレンドならば、カラーだけで選ぶのではなく、シルエットや仕立ての美しいパンツで取り入れてみる……こういった微調整が大切です。

そしてその微調整も、くれぐれも防戦一方にはならないようにしたいものです。

「若づくり」は禁物ですが、ひざ上のスカートもカラーパンツも、「何歳以上は着てはいけない」なんてルールは存在しません。むしろ、いつもより、たった2センチ短いだけのスカートが、あなたの気分を高揚させてくれるのならば、ぜひ、その感覚を大切にして。トライの姿勢こそが、「加齢」を「進化」へと導くのです。

私自身の話をすれば、実は昨年、会社を設立しました。名前は「H．PROGRESS」。「ずっと進化し続ける」ことを人生の目標とする、私らしい命名でしょうか？

いつまで仕事を続けられるのか、そんなことは誰にもわかりません。でも私は決して、「私の人生、今が頂点」とは思っていません。むしろこれからも、「私の人生、いつが最高なんだろう？」とワクワクしながら歩いていきたい。そしてその気持ちをもち続ける限り、「私はもっと輝ける」。

そう信じています。

「プッチ宮殿」訪問の夢もかないました！

'05年には、「パラッツォ・プッチ」（プッチ宮殿）へ。20代の頃から思い続けた願いがかなって感無量でした。

あとがき

早朝、スッピンをサングラスで隠しながら(失礼!)、愛犬カイの散歩をしていると、私の名前を呼ぶ声。振り向くとそこには、いつお会いしてもヘアもメークも完璧、装いもエレガントな10歳ほど年上の知り合いの女性の姿。聞けば、これからご家族の介護へ向かう途中だそう。「ヒールは〝クリスチャン ルブタン〟の12センチに限る」と言うこの方のおしゃれの辞書に〝妥協〟の文字はありません。「私もまだまだ!」と奮い立たせてくれる、この姿勢に惚れています。

10年後、20年後、この世を去るその時まで〝エレガンス〟であり続けることが私の命題ですが、ここでご紹介した基本のワードローブは変わらないと確信しています。「押田エレガンス」が、この本を手にとって読んでくださったみなさまのお役に立ったら、こんなにうれしいことはありません。感謝を込めて、ありがとう。

おしゃれ命
押田比呂美

Staff(五十音順)

人物撮影
浅井佳代子、荒木大甫、
熊澤 透、設楽茂男、中込一賀、
中村カズ、水田 学、村山元一

静物撮影
唐澤光也・小池紀行・
戸田嘉昭(パイルドライバー)、佐藤 彩

私物コーディネート撮影
佐藤 彩

取材撮影
佐藤敏和、篠原宏明

モデル
秋山あかり、生方ななえ、熊沢千絵、
高橋里奈、仁科由紀子、藤井敦子

ヘア&メーク
油屋喜明(Swing)、板倉タクマ(ヌーデ)、
川原文洋・菅原 伸(Studio V)、
倉田正樹(enfleurage)、
重見幸江(gem)

取材・文
河西真紀(P116〜125)

※この本の趣旨は、お手もちの服を
より楽しんでいただくことにあります。
掲載写真は『Precious』2004年4月号〜
2012年9月号に掲載されたものと、
本人私物を中心に構成されているため、
商品は、基本的に現在取り扱いがございません。
メーカーへのお問い合わせは
ご遠慮くださいますようお願いします。
また、店舗やブランド情報は
2012年9月末現在のものであり、
変更される場合があります。

デザイン
杉坂和俊(eboshi line)
校正
麦秋アートセンター
編集・構成
喜多容子・下村葉月(HATSU)
福持名保美(小学館)
企画
吉川 純(小学館)

大人の女の「エレガンス」磨き

2012年10月8日　初版第1刷発行

著者　押田比呂美《おしだひろみ》
発行人　藤田基予
発行所　株式会社 小学館
〒101-8001　東京都千代田区一ツ橋2-3-1
編集 03-3230-5520
販売 03-5281-3555
印刷所　凸版印刷株式会社
製本所　株式会社若林製本工場

ISBN978-4-09-342395-3